JN022955
朝、
起きてすぐ
豊かな朝食を

朝、苦手

市販のパンは飽きた

朝はパンを食べたい

起きたら、朝ごはんが
出来上がっていたら
いいのに…

子どもが自分で用意できたら楽だな

思いきり、朝寝坊したい

朝ごはんを作るのが
面倒くさい

冷凍サンドウィッチで
まるっと**解決**！

冷凍サンドウィッチってこんなに便利！

前日の夜、冷蔵庫に移しておくだけ

寝る前に冷蔵庫に移しておくだけで、翌朝には解凍されています。ランチ用なら、朝に解凍されたものを持っていくだけでOKです。

朝、頑張らなくても出来上がっている

起きるだけで、豪華な朝ごはんが用意されているのが、冷凍サンドウィッチのいいところ！ 朝には解凍されているので、あとは食べるだけです。子どもでも自分で用意できるので、夢の朝寝坊もできます。

一度作れば、1〜2週間保存可能

最大2週間、保存が可能なので、時間のあるときに作り置きしておくと◎。栄養バランスを考えるなら、冷凍スープ(P94〜)を一緒に作ってもいいでしょう。

揚げ物も生クリームもまるっと冷凍できる

水気の多いもの以外は、基本的に冷凍OKなので、幅広い味のサンドウィッチを楽しむことができます。例えば、揚げ物は冷凍することで油の酸化を抑えられるし、油脂が多い生クリームも冷凍におすすめ。

パンの種類を使い分ければ、ベチャベチャ感なし！

水分多めの食材を使用するときは水分を浸透させづらいバター多めのパン、水分を吸うハードな生地のパン、厚めのスライスのパンにするなど、パンを使い分ければ生地がベタつくことはありません。

なまけものちゃん

朝が苦手で面倒くさいことが大嫌いななまけもの。少しでも楽をしたいし、少しでも動きたくない。食欲旺盛なので、おいしいものを食べて暮らしたい。起床時間は大体10時。

目次

第1章 王道の冷凍サンドウィッチ

第3章 デザートサンドウィッチ

第2章 色々な冷凍サンドウィッチ

第4章

オープンサンドウィッチ

第5章

冷凍スープ

＊保存期間は、あくまで目安です。冷凍庫の状態によって異なります。

＊大さじ1は15ml、小さじ1は5ml、1カップは200mlです。

＊本書によるいかなる事故も、当社では一切の責任を負いません。

サンドウィッチって
冷凍しても美味しいの？

ANSWER

むしろ、冷凍したほうが美味しい場合も！

冷凍することで食材同士の味の馴染み、旨味が増す食材も多いです。また、解凍の過程でパン生地に食材の旨味が染み込むので、パン自体の旨味も増します！

覚えることが
多いのは面倒くさい…

ANSWER

基本的な順番はすべて同じ！

基本の工程

1

バター(orマーガリン)を塗る

バターの油分で、食材の水分からパン生地を守る。塗り残しがないようにまんべんなく。

2

調味料を塗る

バターの上からマスタードやカラシを塗ることで、より水分からパン生地をガード！ 調味料と食材との味馴染みも◎。

3

チーズかハムで水分をせき止める

水分が出やすい食材を使うときはチーズやハムを下に敷くと、防波堤のような役割を果たす。

4

野菜を乗せて挟む

最後に、野菜を敷き詰めることで、パンへの水分の浸透を極力防ぐことができる。野菜以外の具材もこの段階で。

冷凍方法

1 空気を抜きながらラップ

1回で食べきれる量など、好みの大きさにカットしてラップで包む。空気が入らないようにできるだけ密着させて包むことで、外気との温暖差による水滴の侵入を防げる。

2 食品保存袋に入れる

匂い移りを防ぐために保存袋、または保存容器に入れると尚よし。冷凍庫のドアの開け閉めが多いと、温度が上がって水滴がつきやすくなるので注意。

さすがに野菜の冷凍は
無理でしょ？

ANSWER

塩揉みするのが正解！

塩には野菜から水分を吸収する脱水作用があるため、塩揉みすることで野菜の余分な水分を取り除けます。

ちなみに……野菜の特徴を知るとわかりやすい

野菜の中でも、比較的水分が出にくいとはいえ、まったく出ないわけではないので、しっかり水気を飛ばして使用します。

キャベツ　ニンジン　パプリカ

ポテトサラダなどに入れれば、水分をじゃがいもが吸収するので◎。ハーブ類は香りづけに少量ならOK。

△

じゃがいも

使用するときは電子レンジ（600w）で4分（1個）ほど加熱してから、挟むようにしましょう。フライパンで焼いて水分を飛ばしても◎。

大葉　玉ねぎ

×

葉が柔らかい葉物野菜は、水分が多いので×。トマトとキュウリは、解凍中に水分が大量に出るため避けましょう。

キャベツの作り置き

保存4日間　調理5分

作り方（約10回分）

1. キャベツ1/8個を2～3mm幅の細切りにして、塩小さじ1/3を全体に揉み込む。
2. 30分ほど置いて、全体がしんなりとしてきたらしっかりと水気を絞る。保存容器に入れ、冷蔵庫で保存する。

にんじんの作り置き

保存4日間　調理5分

作り方（約10回分）

1. にんじん1本を3～4mm幅の細切りにて、塩小さじ1/4を全体に揉み込む。
2. 30分ほど置いて、全体がしんなりとしてきたらしっかりと水気を絞り、クミンシード小さじ1/2（あればでOK）を混ぜ込む。保存容器に入れ、冷蔵庫で保存する。

紫キャベツの作り置き

保存10日間　調理5分

作り方（約10回分）

1. 紫キャベツ1/5玉を3mm幅に切る。
2. 沸騰させたたっぷりの湯に1を入れて、中火でひと煮立ちさせる。沸騰したら、さらに1分ほどゆでてザルにあげて、水気を切る。熱いうちに、オリーブオイル大さじ1/2、酢大さじ1/2、塩小さじ1/4にからませる。粗熱を取り保存容器に入れ、冷蔵庫に入れる。

どんなパンでも
ルールは同じ？

ANSWER
具材とパンの
マッチングを知ろう！

食パン

8枚切

味にクセがない食パンは、具材の味を邪魔しない万能パン。解凍してそのまま食べる場合は、具材の水分を吸う厚みのある8枚切がベストです。

6枚切

オープンサンドでトーストする場合、8枚切だとパンにだけ火が通ってしまうので、さらに厚みのある6枚切がおすすめ。

全粒粉入り食パン

香ばしい風味があるため、味のアクセントに。雑穀入りなら、プチプチした食感を楽しめます。食物繊維が豊富なので、健康志向の人は食パンの代わりに使用してもOK。

レーズン食パン

レーズンの甘酸っぱさが大活躍！ こってりした具材と合わせるとさっぱりした味わいに。甘めの具材と合わせると、さわやかな甘味になります。

※本書ではスーパーで購入できるパンのみを使用しています。尚、コッペパンは10～12cmのミニコッペパンを使用しています。

バター風味と甘味のあるデニッシュは、具材の味にコクを与えます。油分が多くベタつきにくいため、水分多めの具材との相性◎。

デニッシュパン

クロワッサン

冷凍するとバター風味がアップし、具材の味にコクが加わります。表面がパリパリのものは、冷凍で食感が失われるので、しっとりしたものを選びましょう。

焼いてから冷凍すると、もっちりとしたベーグルのような食感に。硬めの生地のため、水分が多めの食材に合わせてもベタつきません。

マフィン

味にクセがない万能型。甘めの具材と合わせると、塩味が加わり深みのある甘味に。硬めの生地なので、水分多めの食材と合わせても。

フランスパン

バターロール

軽めのバター風味で、味に重すぎないコクが加わります。パン生地が厚めなので、水分の出る食材でも問題ありません。

味にクセがないので、具材を選ばない万能パンです。垂直ではなく、平行に切り目を入れることがポイント。水分は下に向かって染み込んでいくため、垂直に切ると切れ目に水分が染みて割けてしまうことがあるので注意しましょう。

コッペパン

夜ごはんの
残りも使えるの？

ANSWER

粗熱を取って、水分をしっかり飛ばせばOK！

水分を飛ばしきれなかったら、レンジでチン！

おかず系は、炒め直して水気を飛ばしましょう。ラップをせずに電子レンジ(600w)で10秒ずつチンして、水気を飛ばしても◎。粗熱を取ってから、サンドしましょう。

解凍は何時間？

ANSWER

基本は、前日の夜に冷蔵庫に移すだけ

冬は室温で解凍してもOK。ただし、暖房のきいた部屋での解凍はNGです。半解凍で食べるフルーツ系サンドは、室温で1時間程度、夏なら20分程度の半解凍がおすすめです。

解凍したらそのまま食べられる？

ANSWER

もちろん！

そのまま食べられるのが、最大のメリットです。レシピはすべて、そのままで食べられるものにしてあります。もちろんお好みで30〜40秒電子レンジで（600W）チンしたりトーストしても。

本書の見方

味

一度冷凍して食べたときに、味がどのように変わるかを記載しています。ぜひ、実際に味わってみてください。

メニュー名

ハムたまごサンド

やる気度 2
調理 5分
保存 2週間

厚みのあるバターロールなら、キャベツの水気を吸ってもべたつき感ゼロ。キャベツを下に敷くことでハムが滑らず、食べやすくなります。デニッシュなど、甘めのパンと合わせるとハムの塩味が生きて、旨味がup。

作り方（2人分）

1 バターロール3個に垂直に切り込みを入れて、バター15g、粒マスタード小さじ2を塗り広げる。そこにマヨネーズ適量を斜めに絞る。

2 キャベツの作り置き(P11)大さじ2を敷いて、その上にハム3枚→スライスしたゆでたまご1個を乗せ、サンドして冷凍する。

POINT
「キャベツを多めにすることで歯応えバツグンに！」
「キャベツは必ず一番下に敷くこと」

タラモサンド

やる気度 1
調理 5分
保存 10日間

市販のポテトサラダにたらこを混ぜるだけで、タラモサラダの出来上がり！
冷凍しても、たらこの粒感や旨味は損なわれません。
バター風味が強いクロワッサンと合わせれば、より濃厚に。

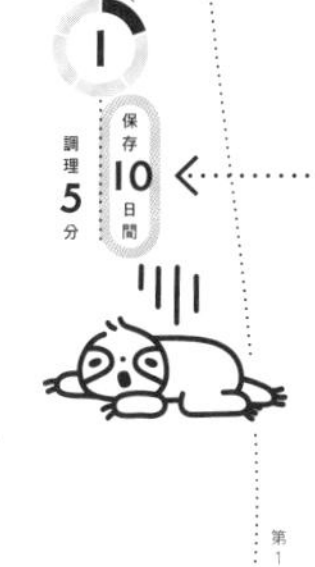

作り方（2人分）

1 市販のポテトサラダ1パック(約150g)とたらこ30g(チューブなら小さじ2)をよく混ぜ合わせる。

2 バターロール3個に垂直に切り込みを入れ、バター15gと粒マスタード小さじ2をそれぞれに塗り、1をサンドして冷凍する。

POINT
「ポテトサラダは粒が小さめのものをセレクト」

第1章 王道の冷凍サンドウィッチ

23

やる気度
レシピごとの手間のかかり具合がわかります。数字が少ないものほど調理の手間が少なく、簡単に作れるものに。

調理時間
調理時間の目安です。ただし、粗熱を取る必要がある場合は、その時間は含まれません。

保存可能期間
冷凍保存できる期間の目安です。冷凍庫の環境が悪い場合（ほかの食材に霜がついているなど）は早めに食べきってください。

材料
「作り方」のマーカー部分が材料になっています。

ポイント
特に重要なポイントが書かれているので、注意して調理してください。

たまごサンド
ツナマヨサンド
ポテトサラダ
ハムたまごサンド
タラモサンド
かぼちゃのサラダ
ハムチーズ
ナポリタン
焼きそばサンド
ウィンナードッグ

第1章

王道の冷凍サンドウィッチ

「サンドウィッチといえばこれ！」という、
外せない王道のメニューをご紹介。
食べ慣れた味も冷凍することで、コクが増します！
面倒くさがり屋さんでも、
パパッと美味しく作れるものばかりです。

玉ねぎがシャキシャキ！
黄身は濃厚に

たまごサンド

たまごが野菜の水分を吸うので、パン生地はふわふわ食感のままに。水気が出にくいたまごは、デニッシュ、クロワッサン、フランスパンなど、水気を吸いやすくべたつきやすいパンに置き替えても問題ありません。

やる気度 2
調理 5分
保存 2週間

シャキシャキ玉ねぎには
ツナの旨味が！

やる気度 2

ツナマヨサンド

調理 5分
保存 2週間

ツナの出汁感のある旨味がほどよく染みた、しっとりパン生地がgood。水気に強い硬めの生地のフランスパンとの相性も◎。クロワッサンと合わせればバターのコクがプラスされます。

作り方（2人分）

1 玉ねぎ㊥約1/10個をみじん切りにして、水切りしたツナ1缶とマヨネーズ大さじ1と1/2と胡椒少々を入れて混ぜ合わせる。

2 食パン(8枚切)2枚にバター10gと粒マスタード小さじ2を半分ずつ塗り広げ、1をサンドして冷凍する。

POINT
「ツナはしっかり水気を切る」

作り方（2人分）

1 ゆでたまご2個をボウルに入れてフォークで潰す。ゆでたまごと、みじん切りにした玉ねぎ（中）約1/10個と、みじん切りしたキュウリのピクルス1本（親指大）、マヨネーズ大さじ1と1/2を混ぜる。

2 食パン（8枚切）2枚にバター10gと粒マスタード小さじ2を半分ずつ塗り広げ、1を置き、サンドして冷凍する。

POINT
「玉ねぎはたまごに混ぜる前に水切りを」

市販品を上手に使えるなんて！

ポテトサラダでパン生地がしっとりに！

ポテトサラダ

調理 3分
保存 2週間

水分が出やすいキュウリがないものを選ぶ（or除く）ことで、市販のポテサラでもパン生地へのべたつきを防げます。水気が多めのポテサラなら、水分に強い硬めの生地のフランスパンや厚めの生地のロールパン、コッペパンを。

作り方（2人分）

1 食パン（8枚切）2枚にバター10gを半分ずつ塗り広げる。

2 市販のポテトサラダ1パック（約150g）をサンドして冷凍する。

POINT
「ポテトサラダはキュウリなしのものを」

冷凍することで
たらこの旨味がパン生地と
じゃがいもに染み込んで
さらに濃厚に
今週末は、冷凍サンドを作るぞ！
ハムたまごサンド
タラモサンド
パンのバター風味が強くなって、
たまごの旨味が引き立つ

ハムたまごサンド

やる気度 2

調理5分　保存2週間

厚みのあるバターロールなら、キャベツの水気を吸ってもべたつき感ゼロ。
キャベツを下に敷くことでハムが滑らず、食べやすくなります。
デニッシュなど、甘めのパンと合わせるとハムの塩味が生きて、旨味がup。

作り方（2人分）

1 バターロール3個に垂直に切り込みを入れて、バター15g、粒マスタード小さじ2を塗り広げる。そこにマヨネーズ適量を斜めに絞る。

2 キャベツの作り置き（P11）大さじ2を敷いて、その上にハム3枚→スライスしたゆでたまご1個を乗せ、サンドして冷凍する。

POINT

「キャベツを多めにすることで歯応えバツグンに！」
「キャベツは必ず一番下に敷くこと」

タラモサンド

調理5分　保存10日間

市販のポテトサラダにたらこを混ぜるだけで、
タラモサラダの出来上がり！
冷凍しても、たらこの粒感や旨味は損なわれません。
バター風味が強いクロワッサンと合わせれば、より濃厚に。

作り方（2人分）

1 市販のポテトサラダ1パック（約150g）とたらこ30g（チューブなら小さじ2）をよく混ぜ合わせる。

2 バターロール3個に垂直に切り込みを入れ、バター15gと粒マスタード小さじ2をそれぞれに塗り、1をサンドして冷凍する。

POINT

「ポテトサラダは粒が小さめのものをセレクト」

かぼちゃのサラダ

やる気度 2

調理 10分　保存 2週間

あっさりとした甘味を持つかぼちゃに、レーズンの甘酸っぱさがよく馴染み、
さわやかな甘さを楽しめます。
かぼちゃのクリーミーな舌触りを楽しみたいなら、
柔らか食感のデニッシュパンやしっとり系のクロワッサンを。

作り方（2人分）

1 冷凍かぼちゃ1/2袋（150g）を電子レンジ（600W）で4〜5分加熱する。

2 熱いうちにボウルに入れ、フォークで潰しながら形がなくなるまで滑らかにする。粗熱が取れたらマヨネーズ大さじ1と生クリーム小さじ2（コーヒー用のポーションクリーム2つでも可）を入れて混ぜ合わせ、塩少々で味を調える。

3 レーズン食パン（8枚切）2枚にバター10gを塗り広げ、**2**を乗せ、サンドして冷凍する。

POINT

「粗く潰せば、食べ応えがアップ」

ハムチーズ

保存 2週間
調理 5分

冷凍することでキャベツとにんじんの水分がほどよく染み込み、
パサつきがちな全粒粉パンでもしっとりに。デニッシュやレーズンパンなど
甘味のあるパンを合わせると、ハムとチーズの塩味と旨味が際立ちます。

作り方（2人分）

1 キャベツの作り置き(P11)大さじ5と、にんじんの作り置き(P11)大さじ3に、マヨネーズ各大さじ1をからませておく。

2 全粒粉入り食パン(8枚切)2枚にバター10gと粒マスタード小さじ2を塗り広げ、スライスチーズ各1枚とハム各1枚を乗せる。
中心に 1 を重ねて乗せ、サンドして冷凍する。

POINT
「キャベツとにんじんにマヨネーズをよくからまらせると、味が馴染む」

全粒粉パンの
パサつきがなくなり、
香ばしさと甘味がUP！

冷凍することで食べやすくなるんだね！

ナポリタン

やる気度 1

調理5分　保存2週間

甘酸っぱいケチャップとクセのないコッペパンが、ベストマッチ。
冷凍することでケチャップが染み込み、コッペパン特有の生地のパサつきがなくなります。しっとり系の食感がお好みなら、食パンやクロワッサンを。

ナポリタン

作り方（2人分）

1 垂直に切り込みを入れたコッペパン2個にバター10gと粒マスタード小さじ2を塗り広げる。

2 市販のナポリタン1/2人前を1に乗せ、サンドして冷凍する。

POINT
「さらに刻んだウィンナーをプラスすると歯応えUP」

麺のモチモチ感がそのまま

焼きそばサンド

麺のモッチリ食感とキャベツのシャキシャキ感がアップ！

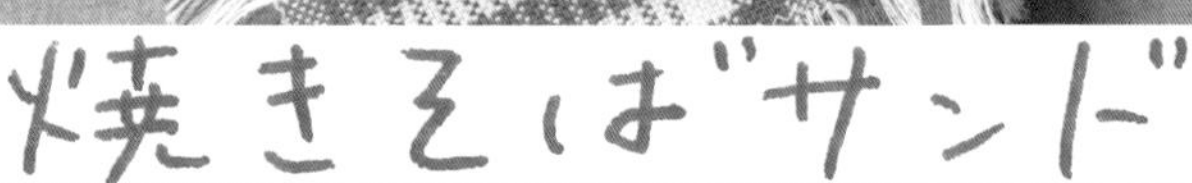

調理5分　保存2週間

市販の焼きそばを使った、超簡単サンドです。
もちろん、晩ごはんで余ったものを使ってもOK。
濃厚ソースとクセのないコッペパンとの相性は◎。
ソースにコクを加える、バター風味強めのクロワッサンでも。

ウィンナードッグ

ウィンナーのバリッした歯応え、キャベツのシャキシャキ食感、しっとり生地のバターロールの調和感がたまらない一品です。少しあっさりめがお好みなら、たんぱくな味わいの食パンやフランスパンと合わせて。

ケチャップの酸味が
強くなるので
薄味でOK！

やる気度 3

調理 5分

保存 10日間

作り方（2人分）

1 ウィンナー3本は中火で焼き色がつくまで焼く。

2 バターロール3個に垂直に切り込みを入れ、
バター10g、ケチャップ大さじ1と1/2、
粒マスタード大さじ1をそれぞれ塗り広げる。

3 2にキャベツの作り置き（P11）大さじ3
→1のウィンナーを順に乗せ、
サンドして冷凍する。

POINT
ウィンナーは油を敷かずに焼く

作り方（2人分）

1 垂直に切り込みを入れたコッペパン2個にバター10g、
マヨネーズ小さじ2、カラシ小さじ2/3を塗り広げる。

2 市販の焼きそば1/2人前とキャベツの作り置き（P11）大さじ1、
紅生姜適量をざっくりと混ぜて1に乗せ、
サンドして冷凍する。

POINT
焼きそばの中の野菜が大きい場合は刻む
具沢山の焼きそばならキャベツなしでもOK

第2章

色々な冷凍サンドウィッチ

王道サンドウィッチよりも、ひと工夫した品々。
多国籍メニューも登場するので、
飽きることなく、冷凍サンドウィッチを楽しめます。
いつものメニューから飛び出て、
ぜひ、色々なメニューに挑戦してみてください。

テリヤキチキン
パストラミビーフサンド
カツサンド
味噌カツサンド
ハムカツサンド
鶏肉のハニーマスタード
ガパオさん
キーマカレーさん
豚肉の生姜焼きサンド
塩レモンチキンサンド
タンドリーグリルチキン
豚キムチチーズサンド

ヤンニョムチキンさん
ころりんボールと野菜さん
だし巻きたまごサンド
さばカレー
スモークサーモンとカマンベールのサンド
えびたま
甘辛韓国サンド
ハーブチキンほうれん草
あじフライサンド
コンビーフマヨネーズ
タコスミートサンド

ひと手間かけて、
豪華な朝ごはんを作るぞ！
鶏肉に味が染み、
食感もよりふっくらに
テリヤキチキン
玉ねぎはシャキッ、
ズッキーニは
サクサクの食感に
パストラミビーフサンド

テリヤキチキン

やる気度 4
調理 15分
保存 1週間

柔らかでジューシーな鶏もも肉とテキヤキソースの旨味があいまってgood！クセのない味わいの食パン、コッペパンでも◎。

作り方（2人分）

1 パプリカ(中)1/4個はひと口サイズに切る。マフィン3個は上下半分に切り、トーストしておく。

2 **1**のパプリカと鶏もも肉250gをサラダ油適量を入れたフライパンに皮目から入れて、中火で焼く。パプリカは焼き色がついたら取り出す。

3 鶏もも肉に焼き色がついたらひっくり返し、醤油大さじ1、酒大さじ1、みりん大さじ1、砂糖小さじ1、水大さじ2を入れて蓋をし、弱火で肉にソースをからませながら水分がなくなるまで煮詰める。粗熱が取れたら4〜5mm幅のななめ切りに。

4 **1**のマフィンの上下にマヨネーズ大さじ2と粒マスタード大さじ1を塗り広げ、下側に**3**の鶏肉→**2**のパプリカ、紫キャベツの作り置き(P11)大さじ1の順に乗せ、サンドして冷凍する。

パストラミビーフサンド

やる気度 4
調理 10分
保存 2週間

チーズ、クロワッサンから、たんぱく質をとれる栄養バランスに優れた一品です。風味のある全粒粉パンと合わせると、旨味が増します。

作り方（2人分）

1 ズッキーニ1/3本は1.5cm幅に輪切りにし、オリーブオイル適量を敷いたフライパンで両面に焼き色がつくまで中火で焼く。塩・胡椒各少々を振り、粗熱を取っておく。

2 玉ねぎ1/10個は薄切り、カマンベールチーズ15gは4等分、スライスチーズ(チェダー)1枚は半分に切る。

3 クロワッサン2個に切り込みを入れ、マヨネーズ大さじ1と粒マスタード小さじ2をそれぞれ塗り広げ、**2**のチェダーチーズ→**2**の玉ねぎ→パストラミ(ローストビーフでも可)80g→**2**のカマンベールチーズ→**1**の順に乗せ、サンドして冷凍する。

ソースが染みたパン生地と
柔らかなヒレカツの
一体感UP

市販品を使ってもいいのね！

カツサンド

保存 1 週間
調理 3 分

市販のヒレカツを使用して作る、ボリューミーな一品です。
キャベツの作り置きを使うことで、フレッシュさをプラス。
バター風味が強めのクロワッサンと合わせれば、濃厚さが増します。
噛み応えのあるマフィンなら食べ応えup！

作り方（2人分）

1 食パン（8枚切）2枚にバター10gとカラシ小さじ1を塗り広げる。

2 キャベツの作り置き（P11）大さじ2→市販のヒレカツ（小）2枚の順に乗せ、ソース大さじ2をかけてサンドして、冷凍する。

POINT

「キャベツを先乗せすることでシャキシャキ感アップ」

味噌カツサンド

やる気度 2

調理 5分　保存 10日間

名古屋発の味噌カツを再現！ 冷凍することで赤味噌特有の出汁感がアップし、パン生地もソースの旨味をしっかり吸収します。マフィン、フランスパンなど、硬めのテクスチャーのパンと合わせると食べ応えが増します。

作り方（2人分）

1 赤味噌大さじ1/2、砂糖小さじ1、みりん大さじ1、カラシ小さじ1/2を耐熱容器に入れて混ぜ合わせ、電子レンジ（600W）で40秒加熱する。よく混ぜて、粗熱を取っておく。

2 市販のヒレカツ（小）2枚を 1 のソースにくぐらせるようにして、全面にソースをつける。

3 食パン（8枚切）2枚にバター10gを塗り、キャベツの作り置き（P11）大さじ2→2→千切りにした大葉2枚→白ごま少々の順に乗せ、サンドして冷凍する。

POINT

「大葉を千切りにして香りを出す」

甘じょっぱいの好き！

カツの油が馴染み、しっとり食感に！

ハムカツサンド

調理 3分　保存 10日間

ちょい甘デニッシュと、ソースをたっぷりからませたハムカツとの相性は抜群。風味のある全粒粉パンや甘酸っぱいレーズンパンを使えば、味にアクセントが加わります。紅茶やコーヒーとともに、おやつ感覚でいただいても。

作り方（2人分）

1 デニッシュパン4枚にマヨネーズ大さじ1と1/2とカラシ小さじ1/2を塗り広げる。

2 キャベツの作り置き(P11)大さじ4→市販のハムカツ2枚の順に乗せ、ソース大さじ2をかけてサンドし、冷凍する。

POINT
「ハムカツは温め直しなしで使用」

鶏肉のハニーマスタード

やる気度 2

調理 5分　保存 2週間

お手製のハニーマスタードは、たんぱくな味のサラダチキンに彩を与えますよ。食パンやコッペパンなど、クセのないパンと合わせると、具材の旨味が強調されます。スパイシーさのあとにくる、はちみつのやさしい甘味もクセに。

作り方（2人分）

1 マフィン3個は半分に切り、トーストしておく。

2 市販のサラダチキン1枚は手でほぐす。

3 はちみつ小さじ2と粒マスタード大さじ1を混ぜてソースを作る。

4 上下のマフィンにバター15gとマヨネーズ大さじ2を塗り広げる。キャベツの作り置き（P11）大さじ5→にんじんの作り置き（P11）大さじ3→**2**→**3**の順に乗せ、サンドして冷凍する。

POINT

「サラダチキンはプレーンがおすすめ」

マフィン生地がしっとりし、粒マスタードの香りがアップ！

BALLAST POINT
BREWING COMPANY
MANTA
DOUBLE INDIA PALE ALE
Val de
Cru Breton
Cidre Doux
Pur Jus de Pommes à Cidre
パン生地まで
ガパオの
スパイスが染み込む
カレーとクロワッサンの
バター風味が馴染み合い、
マイルドな味に
多国籍料理も！

ガパオさん

やる気度 3
調理 10分
保存 1週間

電子レンジを使うことで、本格的なガパオが作れます。クロワッサンや全粒粉パン、デニッシュなど風味のあるパンなら、まろやかさがアップ。

作り方（2人分）

1 耐熱容器に鶏ひき肉100g、7mm幅に切った赤パプリカ（中）1/3個と玉ねぎ（中）1/6個、オイスターソース小さじ1/2、ナンプラー小さじ1を入れて、混ぜ合わせる。

2 1を電子レンジ（600W）で5分加熱し、混ぜて再び3分加熱する。手でちぎったバジルの葉5枚を混ぜる。粗熱を取る。

3 バターロール3個に垂直に切り込みを入れ、マヨネーズ大さじ1を塗り広げる。6〜7mm幅にスライスしたゆでたまご1/2個と**2**を乗せ、サンドして冷凍する。

POINT
「加熱ムラをなくすため、2回に分けて加熱する」

キーマカレーさん

やる気度 3
調理 10分
保存 1週間

本格的なキーマカレーもレンチン調理で作れます！ バター風味のあるクロワッサンやバターロールと合わせれば、コクが深まります。

作り方（2人分）

1 耐熱容器に合いびき肉100g、粗みじんにした玉ねぎ（中）1/6個、ケチャップ大さじ1、ソース小さじ1、カレー粉小さじ1、はちみつ小さじ1、クミンパウダー（なくてもOK）少々を入れて、混ぜ合わせる。

2 電子レンジ（600W）で5分加熱し、ざっくり混ぜて再び2分加熱して火を通す。粗熱を取る。

3 クロワッサン2個に切り込みを入れ、マヨネーズ大さじ1と1/2を塗り広げ、スライスチーズ1枚→**2**→にんじんの作り置き（P11）大さじ2と6〜7mm幅にスライスしたゆでたまご1/2個の順に乗せ、サンドして冷凍する。

POINT
「パクチーをサンドするとエスニック感アップ」

豚肉の生姜焼きサンド

やる気度 3

調理 10分

保存 1週間

生姜焼きは、生姜の風味が立つなど、冷凍するメリットが
いっぱいの具材です。生姜焼きの水分を受け止めるフランスパン、
マフィンなどの硬めの生地のパンや、厚めの生地のロールパンとの相性も◎。

作り方（2人分）

1. 豚しゃぶ肉100gと5mm幅に切った玉ねぎ（中）1/4個を、油を敷かずに中火で炒める。
2. 豚しゃぶ肉の色が変わってきたら、おろし生姜小さじ2、醤油・みりん各大さじ1、砂糖小さじ1/2を入れて、水分がなくなるまで炒める。粗熱を取る。
3. 食パン（8枚切）2枚を軽くトーストして、マヨネーズ大さじ1と1/2、カラシ小さじ1/2を塗り広げ、キャベツの作り置き（P11）大さじ3→**2**の順に乗せ、サンドして冷凍する。

POINT
「具材はしっかり炒めて汁気を飛ばす」

レモンの酸味と香りが際立ち、
チキンの旨味が濃厚に

塩レモンチキンサンド

やる気度 2

調理 5分　保存 2週間

濃厚なアボカドと、たんぱくな味のサラダチキン、
レモンの酸味のハーモニーがマッチ。
フランスパン、マフィンと合わせれば、よりさっぱりとした味わいに。

作り方（2人分）

1 アボカド1/4個は4〜5mm幅にスライスする。

2 市販のサラダチキン1/2枚は手でほぐして、
市販のフレンチドレッシング小さじ2とレモン汁小さじ1/2をからませる。

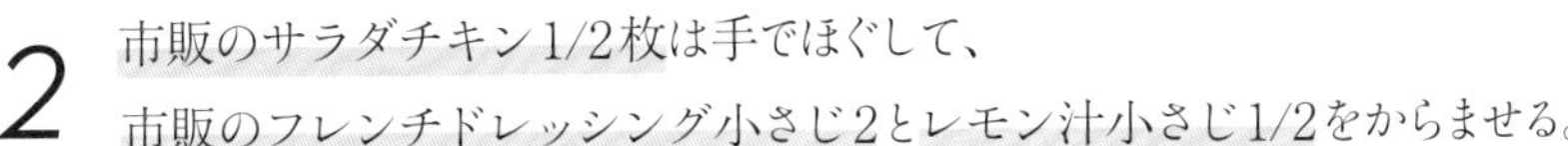

3 クロワッサン2個に切り込みを入れ、マヨネーズ大さじ1と
粒マスタード小さじ2を塗り広げる。1のアボカド→
にんじんの作り置き(P11)大さじ3→2のサラダチキンの順に
乗せ、サンドして冷凍する。

POINT
「サラダチキンはプレーンがおすすめ」
「サウザンドレッシングで味変を楽しんでも◎」

チキンのジューシーさと
香ばしさがアップ

チーズのコクが
染み込んで、
キムチの辛さが
マイルドに！

タンドリーグリルチキン

やる気度 3

調理 15分（漬け置きに＋30分）　保存 2週間

寝かせる時間が短くても、冷凍することでスパイスの旨味がチキンに染み込みます。歯応えのあるマフィンなら食べ応えがアップ。

作り方（2人分）

1. 鶏もも肉250gの皮目にフォークで穴を開けて、裏返してカレー粉小さじ1、ヨーグルト大さじ1、塩小さじ1/2、はちみつ小さじ1を揉み込み、30分以上置く。
2. アルミホイルを敷いた天板に皮目を上にして乗せ、トースターで10〜15分焼く（皮目に焼き目がつく程度）。
3. 粗熱が取れたら、4〜5mm幅に斜め切りする。
4. 斜め3cm幅に切ったフランスパン6切に切り込みを入れ、バター20gを塗り広げる。にんじんの作り置き（P11）大さじ3→ **3** →マヨネーズ大さじ1→紫キャベツの作り置き（P11）大さじ2の順に乗せ、サンドして冷凍する。

POINT

「鶏もも肉は、焦げ色をつけて香ばしく」

豚キムチチーズサンド

調理 10分　保存 1週間

汁が出やすい豚キムチでも、ひと手間加えれば問題なし。食パンと合わせてもOK。キムチがほどよく染みわたった耳の美味しさは格別です！

作り方（2人分）

1. 油を敷かずに豚しゃぶ肉100gを中火で炒め、色が変わってきたらキムチ80gと醤油小さじ1/2、みりん大さじ1を入れて水分がなくなるまで炒める。粗熱を取る。
2. コッペパン2個に水平に切り込みを入れてマヨネーズ大さじ1/2とごま油小さじ2を塗り広げ、スライスチーズ1枚と **1** を乗せる。仕上げに小口切りにした小ねぎ適量をまぶし、サンドして冷凍する。

POINT

「市販品を使うときは炒め直し、汁気を飛ばす」

旨辛のタレが染み込んだ
シャキシャキのキャベツが
good

ヤンニョムチキンさん

やる気度 2

調理 5分

保存 10日間

市販の唐揚げにひと手間かけて、韓国料理に。冷凍してタレの味を馴染ませることで、脂っこさを感じることなくいただけます。マフィンや食パンなどクセがないパンと合わせても。濃いめの味つけなので、おつまみにも◎。

作り方（2人分）

1 コチュジャン大さじ1、はちみつ小さじ1、酢少々、
ごま油少々、白ごま小さじ1/2をボウルに入れて、よく混ぜる。
市販の唐揚げ（中）3個を半分に切って、からませる。

2 コッペパン2個に水平に切り込みを入れ、マヨネーズ大さじ1を塗り広げる。
キャベツの作り置き（P11）大さじ2→ 1 →
糸唐辛子適量（あればでOK）の順に乗せ、
サンドして冷凍する。

POINT

「唐揚げは温め直しなしで使用」

「唐揚げが大きかったら半分にカットする」

ころりんボールと野菜さん

やる気度 3
調理 5分
保存 2週間

市販のミートボールを挟むだけ! ブロッコリーのコリコリ、にんじんのシャキシャキ食感を楽しめます。
パン生地に厚みのあるコッペパンや食パン、マフィンなら、ソースが染みても食感が損なわれないため代用OK。

作り方(2人分)

1 下ゆでしたブロッコリー(小房)2個は小さめのひと口サイズに切る。にんじん(中)1/15は5mm幅に切る。フライパンにサラダ油適量を敷いて中火で焼き色がつくまで焼き、塩少々を振る。粗熱を取る。

2 バターロール3個に垂直に切り込みを入れ、バター10gを塗り広げる。市販のミートボール6個と1を乗せ、サンドして冷凍する。

POINT
ミートボールのソースまで挟む
ミートボールは温め直しなしで使用

だし巻きたまごサンド

冷凍することでだし巻きたまごの旨味をたっぷり吸った、しっとりパン生地の美味しさは格別です。バター風味が強めのクロワッサンやデニッシュを使用すれば、洋テイストに。

だし巻きたまごがモチモチ食感に

作り方（2人分）

1 食パン(8枚切)2枚にバター10g、マヨネーズ大さじ1、カラシ小さじ1を塗り広げる。市販のだし巻きたまご150gを乗せ、サンドして冷凍する。

POINT

「だし巻きは冷たい状態で使う」

さばカレー

やる気度 2

調理 5分

保存 1週間

カレー粉入りマヨネーズが焼きさばにしっかり染みて、脂の臭みが気にならなくなります。クセのない食パンやコッペパンとの相性も◎。

作り方（2人分）

1 マヨネーズ大さじ2にカレー粉小さじ1を混ぜておく。

2 フランスパン15cmに切り込みを入れて、内側全体にバター10gを塗り広げ、下側に1の半量を塗る。

3 下側にキャベツの作り置き(P11)大さじ3→小骨を取った市販の焼きさば1/2枚を乗せて、1の残りを塗る。

4 3の上に紫キャベツの作り置き(P11)大さじ1を乗せ、サンドして冷凍する。

さばの身の旨味が凝縮され、身がふっくらに！

POINT

「焼きさばは温め直しなしで使用する」

「挟む前に小骨をしっかり取り除く」

ピクルスのさわやかな酸味と
スモークの香りが際立つ
朝からテンションが
上がる〜。
パン生地の甘味と
えびの塩味がよく馴染み、
旨味が濃厚に

スモークサーモンとカマンベールのサンド

やる気度 2
調理 10分
保存 1週間

冷凍することで、クロワッサンとスモークサーモン、チーズの一体感が増します。
サーモンのスモーキーな香りを際立たせたいなら全粒粉パンを使っても。

作り方（2人分）

1 玉ねぎ（中）1/10個は2〜3mm幅にスライス。カマンベールチーズ15gは6等分に切る。

2 クロワッサン2個に切り込みを入れ、マヨネーズ大さじ1と粒マスタード小さじ2を塗り広げる。市販のスモークサーモン4枚→1の玉ねぎ→1のカマンベール→みじん切りにした市販のキュウリのピクルス（親指大）1本→紫キャベツの作り置き（P11）大さじ1の順に乗せ、サンドして冷凍する。

POINT
「カマンベールはお好みの大きさで、チーズ感を楽しんでも◎」

えびたま

やる気度 3
調理 10分
保存 2週間

ふわふわのデニッシュ、ぷりぷりのえびの、ふたつの食感を楽しめます。
風味を加えたいなら全粒粉パンを、
コクを加えたいならクロワッサンもおすすめ。

作り方（2人分）

1 冷凍むきえび150gは電子レンジ（600W）で6〜7分加熱し、火が通ったらペーパーで押さえて水気を切り、粗く刻む。粗熱を取る。

2 市販のタルタルソース大さじ3と1を混ぜる。

3 デニッシュパン4枚にバター10gと粒マスタード小さじ2を塗り広げ、キャベツの作り置き（P11）大さじ3→2の順に乗せ、サンドして冷凍する。

POINT
「むきえびの水気はしっかり切る」

韓国ドラマを見ながら、
食べるぞ！

汁をたっぷり吸った
パン生地が美味！

甘辛韓国サンド

冷凍だからこその味の馴染み感がたまらない一品です。
甘味を抑えた味つけなので、さっぱりいただけます。
パン生地厚めの食パンやコッペパン、バターロールで代用もOK。
肉汁が染みてもべたつきなしでいただけます。

作り方（2人分）

1 マフィン3個は上下に剥がしてトーストし、粗熱を取る。
ニンニクの芽2本は1cm幅の斜め薄切りにする。
玉ねぎ（中）1/6個は5mm幅に切る。

2 フライパンにごま油小さじ1を入れて、牛こま切れ肉100g、
1のニンニクの芽、**1**の玉ねぎを中火で炒める。
牛肉の色が変わってきたら醤油小さじ1/2、コチュジャン大さじ1を
入れて水分がなくなるまで炒める。

3 **1**のマフィンに粒マスタード大さじ1と
マヨネーズ大さじ1と1/2を塗り広げ、**2**を乗せて白ごま少々を振る。
粗熱が取れたら、サンドして冷凍する。

POINT
「マフィンは挟む前にトーストするとパサつかない」
「汁気がなくなるまで具材をしっかり炒める」

ハーブと粒マスタードの
香りが際立ち、
さっぱりに

ハーブチキンほうれん草

やる気度 4

保存 2週間
調理 5分

野菜がとれるヘルシーなサンド。バターロールやクロワッサンを使えばバター風味が加わり、濃厚な味わいに。全粒粉パンとハーブの相性も◎。

作り方（2人分）

1 市販のサラダチキン1/2枚は6枚になるようにスライスする。

2 ほうれん草2株は、塩適量を入れた熱湯で1分程度茹でたあと、2cm幅に刻む。しっかりと絞ってから、ペーパーで押さえて水気を取る。

3 斜め3cm幅に切ったフランスパン6切れに切り込みを入れて、バター20gと粒マスタード大さじ1を塗り広げる。1のサラダチキン→2のほうれん草を乗せ、マヨネーズ大さじ2（斜めがけする感じでOK）→ハーブ（お好みのドライハーブ）小さじ2/3を全体に振ってサンドして冷凍する。

POINT

「サラダチキンはプレーンでもハーブでもOK」

「フランスパンを薄めにスライスすることで味馴染みがアップ」

「ほうれん草は加熱後しっかり水切りを」

あじフライサンド

やる気度 1

調理 3分

保存 1週間

市販のあじフライで作る、ボリューミーなお惣菜サンド。
マフィンやコッペパンなど、クセのない味わいのパンでも◎。
紫キャベツの代わりに、刻んだ福神漬けを混ぜたタルタルソースを
使用すると和の味わいに！

作り方（2人分）

1 食パン（8枚切）2枚に市販のタルタルソース大さじ1と1/2を塗り広げる。手前半分に、キャベツの作り置き（P11）大さじ4→市販のあじフライ1/2枚→市販のタルタルソース大さじ1と1/2→紫キャベツの作り置き（P11）大さじ2の順に乗せ、パタンと半分に折り畳むようにしてサンド。冷凍する。

POINT
「あじフライは温め直さず、サンドする」

コンビーフマヨネーズ

コンビーフのオイルをキャベツが吸うことで、
コンビーフがさっぱりします。全粒粉の香ばしさがアクセントに！
バターロールやクロワッサン、デニッシュなど、
バター風味のあるパンと合わせるとコクが増します。

コンビーフのアレンジがあるなんて！

作り方（2人分）

1 コンビーフ60g（2/3缶）と
キャベツの作り置き（P11）大さじ4、
マヨネーズ大さじ2をよく混ぜ合わせる。

2 全粒粉入り食パン（8枚切）2枚に
バター10gと粒マスタード小さじ2を
塗り広げ、1を乗せ、サンドして
冷凍する。

キャベツとパン生地に
コンビーフの旨味が
染み込む

POINT
「キャベツの水切りをしっかりとする」

タコスミートサンド

やる気度 3
調理 10分
保存 2週間

本場メキシコの味、タコスミートもレンジ調理でOK。さわやかな酸味のあるレーズンパンと合わせれば、さっぱりライトな味わいに。

作り方（2人分）

1 耐熱容器に牛ひき肉100gと、ケチャップ大さじ1、カレー粉小さじ1/4、クミンパウダー少々、チリパウダー小さじ1/2を入れてよく混ぜ合わせる。

2 1を電子レンジ(600W)で4分加熱し、ざっくりと混ぜてさらに2分加熱して火を通す。ゆでたまご1個は6〜7mm幅にスライス。

3 全粒粉入り食パン(8枚切)2枚にマヨネーズ大さじ1と1/2を塗り広げる。スライスチーズ(チェダー)1枚→キャベツの作り置き(P11)大さじ3→2のゆでたまご→2→スライスチーズ(チェダー)1枚の順に乗せ、サンドして冷凍する。

POINT
「電子レンジで加熱するときはラップなしで水気を飛ばす」

ジャムサンド
あんバター
あんクリームチーズ
ブルーベリー
クリームチーズサンド
ティラミス風サンド
あんみつサンド

きなことお豆
ハニーナッツのクリームサンド
大人のオレンジチョコ
ラムレーズンチーズクリーム
いちごみるく
シトラスサンド
クッキークリーム
紅茶クリームとりんごのキャラメリゼ
抹茶と栗のサンド

第3章

デザート
サンドウィッチ

甘いもの好きなら外せないデザートサンド。
洋風、和風、和洋折衷など、バリエーションはさまざまです。
解凍時間は1～2時間程度でOKのものばかりです。
半解凍で食べるフルーツ系サンドの解凍時間は、
1時間程度（夏なら20分、常温）です。

定番ジャムも
冷凍でラクラク!

POINT

「ジャムをパンの耳までしっかり塗り広げる」

「フルーツ系ジャムは半解凍の状態で食す」

ジャムがしっかりなじみ、
耳まで美味しい

ジャムサンド

やる気度 1

保存 1 週間

調理 1 分

フルーツ系ジャムは半解凍のうちに食べると、
シャキシャキした食感が残ってgood。クリーム系のジャムは
解凍が早いので、半解凍でも可。甘味が強いため、
代用するならクセのないコッペパン、フランスパンを。

作り方（2人分）

ジャムサンドの場合…

1. 食パン（8枚切）1枚にバター10gを塗り広げ、別の1枚にお好みのジャム（いちご・ブルーベリー・マーマレードなど）大さじ1と1/2を塗り広げる。サンドして冷凍する。

クリーム系ジャムサンドの場合…

1. 食パン（8枚切）1枚にお好みのクリーム（チョコクリーム・ピーナツクリームなど）大さじ1と1/2を広げ、別の1枚には何も塗らずにサンドして冷凍する。

あんバター

やる気度 1

保存 2週間
調理 3分

コクがあり、甘味を引き立てる塩味のきいたバターロールは、
あんこと好相性。あんこの水気を吸って、しっとりした食感に。
より濃厚な甘味を楽しみたいなら、
クロワッサンやデニッシュがおすすめです。

作り方（2人分）

1 バターロール2個に切り込みを入れ、
あんこ大さじ3→有塩バター20gの順に乗せ、サンドして冷凍する。

POINT

「水っぽいあんはレンチンで水気を飛ばす」

甘じょっぱさが増して、
あんこがより芳醇に。

チーズの酸味が際立ち、
和風チーズケーキのような
味わいに

あんクリームチーズ

調理 3分
保存 2週間

クリームチーズのひんやり感が残る半解凍状態で食べると、
あずきアイスクリーム風サンドに。
コクのある甘さがお好みなら、
バター風味の強いクロワッサンを使ってもOKです。

作り方（2人分）

1 デニッシュチョコパン2枚を水平にスライスし、
電子レンジ(600w)で10秒温めたクリームチーズ大さじ3→
あんこ大さじ2の順に塗り広げ、サンドして冷凍する。

POINT
「クリームチーズ→あんこの挟み順を守る」

ブルーベリー クリームチーズサンド

やる気度 2

調理 5分

保存 1週間

クリームチーズのコクとブルーベリージャムのさわやかな甘味、
マフィンの塩味のマッチングを楽しめるサンドです。
ほんのりとした塩気を含む食パンやコッペパン、
フランスパンを使っても◎。

作り方（2人分）

1 マフィン2個は上下に剥がしてトーストし、粗熱を取る。

2 電子レンジ（600w）で10秒温めたクリームチーズ大さじ2→ブルーベリージャム大さじ2の順に塗り広げ、サンドして冷凍する。

POINT

「クリームチーズは10秒レンチンすると塗りやすくなる」

ティラミス風サンド

やる気度 2

調理 5分

保存 10日間

デニッシュのバターの風味とまろやかな甘味、チーズのコクをほろ苦のコーヒーが引き立てる、ティラミス風スイーツサンドです。クロワッサンなら濃厚さアップ、食パンやフランスパンならさっぱりテイストに。

作り方（2人分）

1 マスカルポーネチーズ（クリームチーズで代用可）大さじ1と付属のソース（インスタントコーヒー小さじ1、お湯小さじ1/2で代用可）小さじ1を混ぜ合わせ、ホイップ済みのホイップクリーム10g（約20cm）をさらに混ぜる。

2 デニッシュチョコパン2枚の下側に 1 を塗り広げ、ココアパウダー小さじ1/2（あればでOK）を全体に振り、サンドして冷凍する。

POINT
「マスカルポーネはクリームチーズでもOK」

あんみつサンド

やる気度 2

保存 1週間

調理 5分

半解凍でいただく、甘酸っぱいフルーツとあんこ、
ホイップクリームのハーモニーが絶妙の、あんみつテイストです。
薄めにスライスした食パンやフランスパンならフルーツ感を
より楽しめ、クロワッサンやデニッシュと合わせると濃厚さが増します。

作り方（2人分）

1 いちご1個は4等分に縦に切る。

2 コッペパン2個にあんこ大さじ2を塗り広げる。その上にホイップ済みのホイップクリーム20g（約20cm）を絞り、1のいちご、みかん（缶詰でもOK）2房、缶詰パイン2カット（輪切りの場合1枚をカット）を乗せ、サンドして冷凍する。

パン生地の中がしっとりに

POINT

「フルーツの量はお好みで調整してもOK」
「フルーツが半解凍のうちに食べるのがおすすめ」

それぞれの甘味の調和感がアップ！

きなことお豆

やる気度 2
調理 5分
保存 2週間

ホイップクリームのふんわり舌触りと、ほっくり煮豆の食感が絶妙！
バター風味の強いクロワッサンと合わせると、コクのある甘味に。

POINT
「バターが硬い場合は10秒ほどレンチンして」

作り方（2人分）

1 バター10gときな粉小さじ2を混ぜ合わせる。

2 コッペパン2個に 1 →あんこ大さじ1と1/2を塗り広げる。
その上にホイップ済みのホイップクリーム20g（約20cm）→
市販の黒豆（煮てあるもの）20gの順に乗せ、きな粉適量を振りかけ、サンドして冷凍する。

ハニーナッツのクリームサンド

やる気度 2
調理 10分
保存 2週間

マフィンの密度感が増して食べ応えのあるスイーツに

はちみつのやさしい甘味が溶け込んだ、2種のチーズの旨味がたまらない！
くるみの食感と香りが加わることで、深みのある甘さになります。
フランスパンのような噛み応えのあるパンとベストマッチ。

作り方（2人分）

1 マフィン2個は上下に剥がしてトーストして、粗熱を取る。

2 くるみ20g（3〜4個）を手で粗く砕く。

3 電子レンジ（600w）で10秒温めたクリームチーズ大さじ1、
マスカルポーネチーズ（クリームチーズで代用可）大さじ1、
はちみつ大さじ1、塩少々と混ぜ合わせる。

4 2と3を 1 のマフィンに塗り広げ、サンドして冷凍する。

POINT
「マスカルポーネはクリームチーズでもOK」
「クリームチーズは温めると塗りやすくなる」

＊アルコールを含みます。

大人のオレンジチョコ

リキュールがふんわり香る、大人のデザートサンドは半解凍がベスト。
クリームチーズとオレンジのWの酸味が加わることで、チョコの甘さがマイルドに。
リキュールの香りを邪魔しない、味にクセのないコッペパンや食パンでも。

調理 5分　保存 1週間

作り方（2人分）

1 チョコレートクリーム大さじ1と1/2とオレンジリキュール（またはラム酒）小さじ1/2をよく混ぜ合わせる。電子レンジ（600w）で10秒温めたクリームチーズ大さじ1と、ざっくりと混ぜ合わせる。

2 フランスパン8cmに切り込みを入れて 1 を上下に塗り広げる。

3 オレンジ1/3個を1.5cm幅にスライスして乗せ、サンドして冷凍する。

パン生地に染みたリキュールの風味が際立つ

POINT

「オレンジは厚めにカットして食感を楽しむ」

「オレンジがシャキシャキしている半解凍のうちに食べて！」

マフィンの塩味がきいて
クリームチーズの
コクがアップ

ラムレーズンチーズクリーム

＊アルコールを含みます。

調理5分　保存2週間

ラムレーズンとクリームチーズの酸味で、さわやかな味わいに。
洋酒のお供の定番、レーズンバターのような、コクもあわせ持つ一品です。
ラムレーズンのラム酒の香りを生かしたいなら、クセのないフランスパンを。

作り方（2人分）

1. マフィン2個は上下に剥がしてトーストして、粗熱を取る。
2. 電子レンジ（600w）で10秒温めたクリームチーズ大さじ2とバター10g、ラムレーズン大さじ2を混ぜ合わせる。マフィンに塗り広げ、サンドして冷凍する。

POINT

「クリームチーズが硬い場合は600wで10秒レンチン」
「お好みでラムレーズンを多めにしてもOK」

いちごの酸味が
際立つ！

解凍してもふわふわ
生クリームなんだ！

いちごみるく

冷凍することで、練乳のミルキーな甘さにいちごの酸味が馴染み、
さわやかな味わいに。いちごのシャキシャキ感が残る、半解凍で。
デニッシュなど、柔らかめの生地のパンと合わせれば
食感のコントラストを楽しめます。

やる気度 2

保存 1週間

調理 5分

作り方（2人分）

1 いちご5個はヘタを除き、3個はそのまま、2個は縦半分に切る。

2 食パン(8枚切)2枚に練乳小さじ2を半量ずつ塗り広げる。
1枚にホイップ済みのホイップクリーム60g(約60cm)の半量を塗り広げ、
1のいちごを中心に3つ置く。その周りに 1 の半分に切ったいちごを置き、
残りのホイップをいちごの上に絞りかける。

3 上から軽く押さえながら、サンドして冷凍する。

POINT

「いちごを均等に横並びに置く」

「いちごがシャキシャキの半解凍のうちに食べて」

シトラスサンド

ふわふわのホイップクリームと、サクッとしたシトラスの食感を半解凍で楽しめる一品。さっぱり感を生かせる、味にクセのないコッペパンやフランスパンでも◎。甘さ控えめなので、甘いものが苦手という人にも！

やる気度 2

調理 5分

保存 1週間

作り方（2人分）

1 オレンジ1/2個は厚皮を剥いて、くし形4等分に切る。グレープフルーツ1/4個も同様に切る。

2 食パン（8枚切）1枚にホイップ済みのホイップクリーム60g（60cm）の半量を塗り広げ、1のフルーツを交互に置き、その周りも埋めるようにして置く。残りのホイップを上から絞りかける。

3 上から軽く押さえながらサンドして冷凍する。

POINT

「かんきつ類がシャキシャキの半解凍のうちに食べる」

「ホイップクリームを上下にたっぷりと塗って」

かんきつ類の酸味がクリームに溶け込み、さわやかな味わいに

クッキークリーム

オレオクッキーだけで甘味づけをする、甘さ控えめの一品。ふわふわのホイップクリームと、しっとり食感のオレオの絶妙な調和感を楽しめます。味にクセのない、柔らかめのテクスチャーの食パンやコッペパンともマッチ。

やる気度 2

調理 5分
保存 2週間

作り方（2人分）

1 レモン1/8個の1/3を5mm幅の薄切りに。残りは絞って、電子レンジ（600w）で10秒温めたクリームチーズ大さじ3とよく混ぜ合わせる。

2 ホイップ済みのホイップクリーム40g（40cm）を 1 のクリームチーズにざっくりと混ぜ合わせ、手で粗く砕いたオレオ4枚も混ぜ合わせる。

3 切り込みを入れたクロワッサン2個に 2 を塗り広げ、1 のレモンを乗せる。サンドして冷凍する。

クリームチーズに
オレオが溶け込み
コクが深まる

POINT

オレオは大きめに砕くと食感を楽しめる
レモンの皮を刻んで入れるとアクセントに

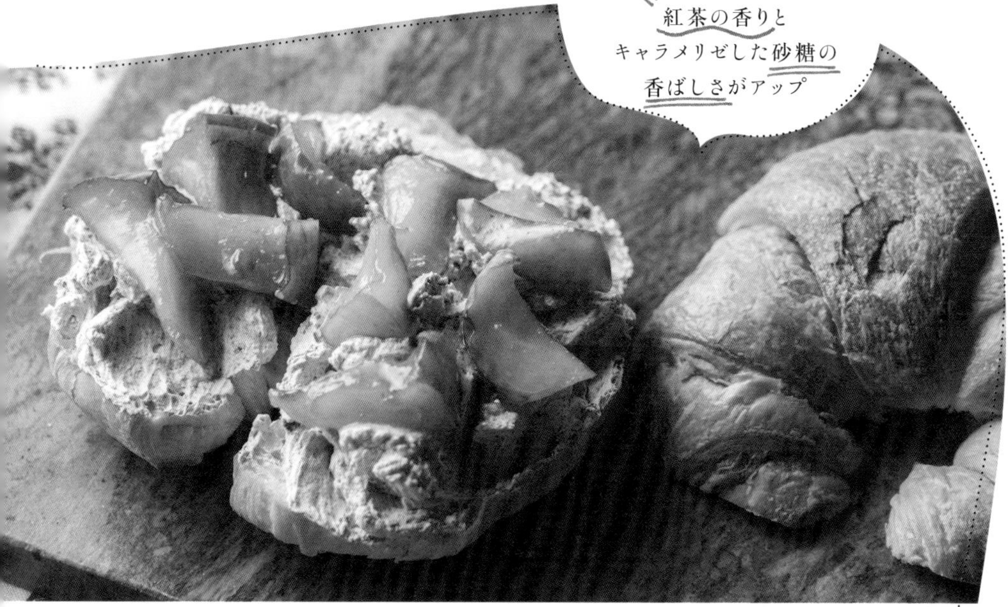
紅茶の香りと
キャラメリゼした砂糖の
香ばしさがアップ

紅茶クリームとりんごのキャラメリゼ

やる気度 3
調理 15分
保存 1週間

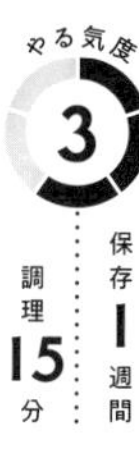

半解凍で、甘酸っぱいりんごのコンポートと香ばしい紅茶のクリームを楽しめる一品。マフィンやフランスパンなど、塩味があるパンなら甘じょっぱさを楽しめます。ホイップクリームのふわふわ感を楽しみたいなら、食パンでも◎。

作り方（2人分）

1 1cm幅に切ったりんご1/2個とグラニュー糖大さじ1、バター15gを中火で木べらを使いながら炒める。バターが溶けたら、弱火で10分ほど煮る。

2 水気がなくなり全体がカラメル色になってきたら、火を止めて粗熱を取る。

3 ホイップ済みのホイップクリーム60g（60cm）に紅茶パウダー（紅茶小さじ1/2をミルサーにかけて細かくしたもので代用可）小さじ1を混ぜ合わせ、切り込みを入れたクロワッサン2個に塗り広げて、**2**を乗せる。サンドして、冷凍する。

POINT
「グラニュー糖を焦がさないように時々かき混ぜる」
「りんごがシャキシャキの半解凍のうちに食べて」

サンドウィッチの幅を広げるぞ！

ホクホクの栗と
ふわふわのクリームの
食感そのまま！

抹茶と栗のサンド

調理 5分
保存 2週間

栗の甘味と抹茶の芳香がホイップクリームに溶け込んだ、和のスイーツサンド。デニッシュに含まれるほのかな塩味が醸す、甘じょっぱさが美味。強めの塩味を持つマフィンやフランスパンと合わせれば、甘味をより強く感じられます。

作り方（2人分）

1 栗の甘露煮4粒は、それぞれ4等分に切る。

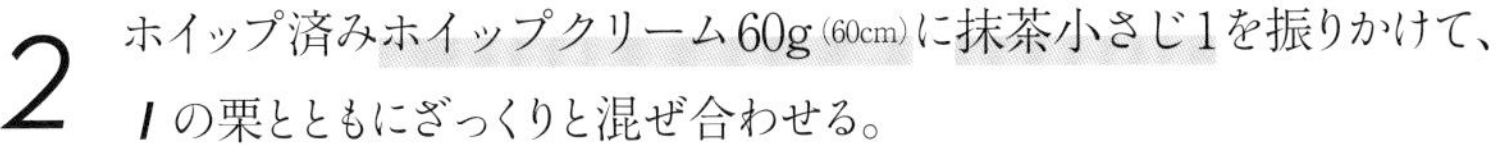

2 ホイップ済みホイップクリーム60g（60cm）に抹茶小さじ1を振りかけて、**1**の栗とともにざっくりと混ぜ合わせる。

3 デニッシュ食パン4枚に**2**を塗り広げ、サンドして冷凍する。

POINT

「栗の水気をしっかり切る」

「お好みで甘納豆を加えてもOK」

第4章

オープン サンドウィッチ

冷凍庫から出して焼くだけ。
解凍時間なしなので、作り置きしておけば、
食べたいときにすぐに食べられます。
サンドなしなのでパン生地に水分が染みにくく、
食べる前に焼くことで水分を飛ばせるので、
使える食材のバリエーションが広がるというメリットも。

マルゲリータ風
生ハムモッツァ
ベーコンときのこのサンド
じゃがいもとスモークチキン
しらすとセサミと海苔のピザ
アボカドと岩のり
シーフードクリーム
アスパラとえびのアヒージョ風
カルボナーラ風
ズッキーニとなすとトマトのミートピザ
コーンと枝豆とウィンナーペッパー
3種チーズ
えびアボカドチーズのジェノバ
パインベーコンのハワイアン
カルビガーリック

納豆チーズトースト
お好み焼き風
マシュマロチョコ
あ〜バナナチーズ

オープンサンドの手順

オープンサンドのポイントは、土台をしっかり作ることと、
焼き色がつくまで焼くこと。食べるときに冷凍庫から取り出して
そのままトーストするだけで、出来立て熱々の美味しさを楽しむことができます。

1 ソースを塗り広げる

トマトソースやホワイトソースなど、ソースを先に塗ることで、食材との味馴染みをよくする。

2 チーズを乗せる

防波堤の役割を果たすチーズ。耳までしっかり乗せる。この上に食材を乗せて、冷凍する。

3 冷凍のまま焼く

食べるときは、冷凍庫から取り出し、オーブントースター（600〜800 w）で5〜6分ほど焼く。焼き色を見ながら調整する。w数が高いと、中心まで温まっていないことがあるので注意。

POINT 1
食パンは6枚切を！

8枚切だと、上に乗っている食材が温まる前に、パンだけが焼けてしまい、焦げやすくなります。厚めの6枚切を選んで、食材とパンの解凍が同じタイミングになるようにしましょう。

POINT 2
食材には火を通しておく！

火の通りにくい食材（生肉、シーフード、芋、厚めの野菜など）は冷凍前に加熱処理をしておきます。表面に焼き色がついても、生焼けになることを避けるためです。電子レンジを活用すると、手軽で便利です。

マルゲリータ風

具材の旨味が馴染んだトマトソースがパン生地に染みることで、パンの旨味が倍増。
フレッシュトマトは火を通すことで甘味が増し、アクセントになります。
中はしっとり、耳はカリカリの、食感のコントラストも◎。

やる気度 2

調理 5分
保存 2週間

作り方（1人分）

1 玉ねぎ1/10個は2mm幅にスライス、ピーマン1/3個は2〜3mmの輪切り、ミニトマト2個はそれぞれ3等分に切る。

2 食パン（6枚切）1枚に、市販のピザソース大さじ1と1/2を塗り広げる。ピザ用チーズ大さじ4→1の玉ねぎ→サラミ4枚→1のピーマンとトマトの順に乗せ、冷凍する。食べる前に焼く。

ピザも家で食べられるんだ！

トマトソースのコクが深まり、ミニトマトの酸味が際立つ！

POINT

「転がりやすいミニトマトは、スライスして安定させて」

生ハムモッツァ

主役の生ハムの塩味と旨味を引き立てるため、塩味やクセの少ないモッツァレラチーズを多めに使用。生ハムのもちもちとした食感も、楽しめます。生ハムは水分が出ない食材のため、冷凍サンドと相性抜群です。

やる気度 2
調理 5分
保存 2週間

作り方（1人分）

1 玉ねぎ1/10個は2mm幅にスライス、アスパラ1本はスジが硬い部分をピーラーで除き、3cm幅の斜め切りにする。

2 食パン（6枚切）1枚に粒マスタード小さじ1とマヨネーズ大さじ1を塗り広げ、ピザ用チーズ大さじ2→1の玉ねぎ→生ハム2枚の順に乗せる。
仕上げに、モッツァレラチーズ30g、
1のアスパラを乗せて粗挽き胡椒適量を振って、冷凍する。
食べる前に焼く。

POINT
「ピザ用チーズを必ず一番下に敷く」

ベーコンときのこのサンド

やる気度 3

調理 10分

保存 2週間

カレー風味にすることで、
ひと味違うテイストを楽しめます。
カレー好きの子どもにもgood。

作り方（1人分）

1 ベーコン1/2枚は2cm幅に切る。きのこ類（しめじやエリンギなどなんでもOK）80gは石づきを除いてほぐし、玉ねぎ1/10個は2mm幅の薄切りにする。

2 1のきのこ類と玉ねぎを耐熱容器に入れて、電子レンジ（600W）で4分加熱して火を通す。全体がしんなりとしていたら、マヨネーズ大さじ1とカレー粉小さじ1/2を混ぜ合わせ、粗熱を取る。

3 食パン（6枚切）1枚に市販のピザソース大さじ1と1/2を塗り、ピザ用チーズ大さじ4→1のベーコン→2の順に乗せる。仕上げに粗挽き胡椒少々を振り、冷凍する。食べる前に焼く。

POINT
「加熱後のきのこの水切りはしっかり！」

じゃがいもとスモークチキン

やる気度 4

調理 10分

保存 10日間

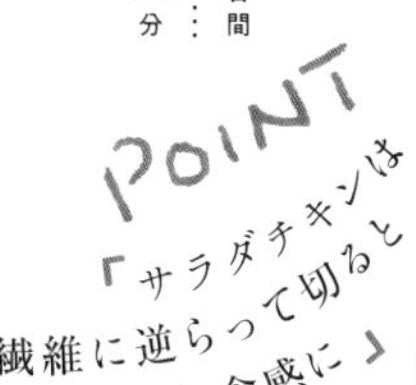

こんがり焼いた、皮付きじゃがいもの香ばしさがアクセントに。
焼き色がつくくらいトーストすることで、パリッとしたじゃがいもと、
柔らかいサラダチキンのWの食感を楽しめます。

POINT
「サラダチキンは繊維に逆らって切ると柔らか食感に」

作り方（1人分）

1 玉ねぎ1/10個は2mm幅の薄切りにする。
じゃがいも1/3個は皮付きのまま7mm幅の輪切りにする。

2 オリーブオイル適量を敷いたフライパンに **1** を入れ、
両面を中火弱で4〜5分焼く。焼き色がつき、具材が柔らかくなったら、
粗熱を取る。サラダチキン（スモーク）1/3枚は4〜5mm幅にスライスする。

3 食パン（6枚切）1枚に粒マスタード大さじ1/2とマヨネーズ大さじ1を塗り広げる。
ピザ用チーズ大さじ4→ **2** の玉ねぎ→ **2** のじゃがいも→
2 のサラダチキンの順に乗せ、冷凍する。

4 食べるときは、焼き上がりにお好みでケチャップや粗挽き胡椒、パセリなどを散らす。

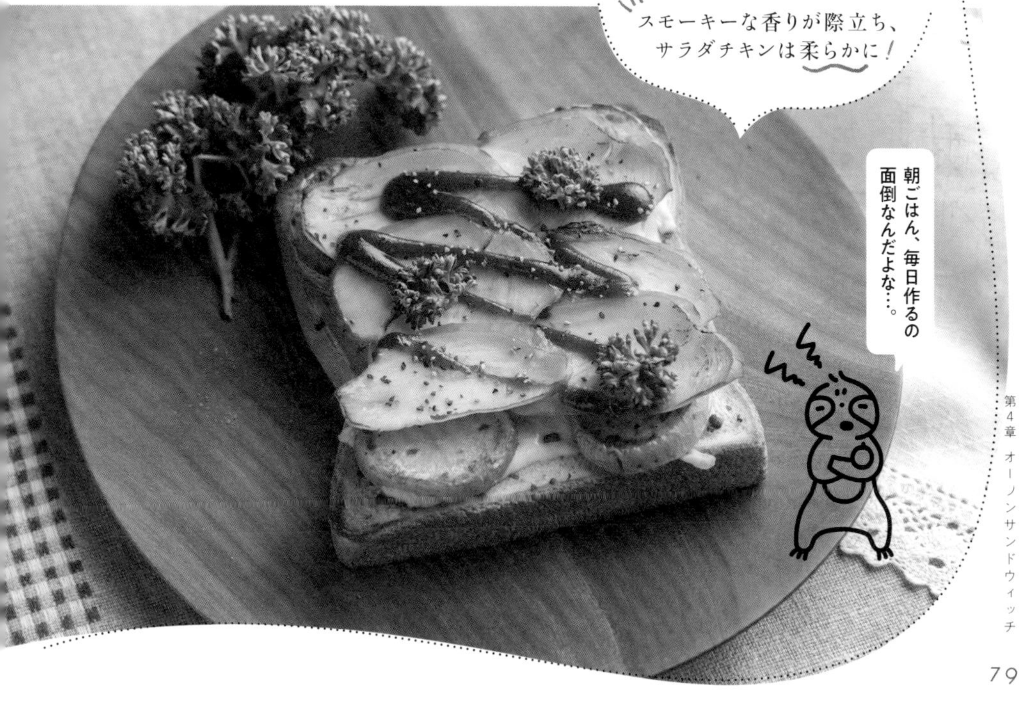
スモーキーな香りが際立ち、
サラダチキンは柔らかに！
朝ごはん、毎日作るの面倒なんだよな…。

しらすとセサミと海苔のピザ

ふんわり漂う磯の香りと、ごまの風味がクセになる一品です。韓国のりのごま油の香りと塩味、しらすの旨味を生かすため、チーズは控えめに。お酒のお供としても大活躍！

作り方（1人分）

1 食パン（6枚切）1枚にバター10gを塗り広げる。韓国のり2枚→ピザ用チーズ大さじ3→しらす大さじ2→白ごま小さじ1の順に乗せて、冷凍する。食べる前に焼く。

やる気度 1
調理 3分
保存 2週間

しらすの旨味が強く感じられるように

POINT
「韓国のりを必ず一番下に敷いて、水分を防ぐ」

アボカドと岩のり

冷凍することで、岩のりの旨味とやさしい甘味、磯の香りがアボカドに浸透。岩のりの佃煮がなければ、味つけのりを使ってもOKです。

作り方（1人分）

1 アボカド1/2個は皮を剥いて、4〜5mm幅にスライスする。

2 食パン（6枚切）1枚に、市販の岩のりの佃煮小さじ2を塗り広げる。ピザ用チーズ大さじ4→1のアボカドをずらしながら並べて冷凍する。

3 焼いたら、マヨネーズ大さじ1を斜めがけする。仕上げに粗挽き胡椒少々を振る。

岩のりの佃煮の甘辛さがアボカドに馴染み、旨味が増す

やる気度 2
調理 5分
保存 2週間

POINT
「アボカドをずらして並べることで、味馴染みがよく！」

シーフードクリーム

冷凍することで濃厚さが増したホワイトソースに、
トーストして焼き色をつけることで香ばしさが加わり、
グラタン風の味わいに。シーフードの旨味が
ほどよく染みた、パン生地のしっとり食感も絶品です！

やる気度 2
調理 10分
保存 2週間

作り方（1人分）

1 市販の冷凍シーフードミックス70gを耐熱容器に入れて、電子レンジ（600W）で4～5分加熱して火を通す。ペーパーで押さえて水気をしっかりと切り、粗熱を取る。

2 ベーコン1/2枚は1cm幅に切る。市販のホワイトソース大さじ2とピザ用チーズ大さじ3を混ぜ合わせる。

3 食パン（6枚切）1枚に**1**と**2**のベーコンをまんべんなく乗せたあと、**2**のソースを塗り広げる。仕上げに粗挽き胡椒少々を振って冷凍する。食べる前に焼く。

シーフードの
生臭さが消え、
クリーミーさが増す

POINT
「シーフードミックスはゆでてもOK」
「お好みでパセリを振っても◎」

焼くだけでこんなに豪華なんて…モグモグ

アスパラとえびのアヒージョ風

アヒージョをオープンサンドで再現したメニュー。トロリと溶けたカマンベールがからんだえびは、濃厚でクセになります。カマンベールの食感を楽しみたいなら、大きめに手でちぎって散らしてもOK。白ワインとの相性抜群です。

やる気度 3
調理 10分
保存 2週間

作り方（1人分）

1 ニンニク1片はみじん切りにする。冷凍のむきえび70gは耐熱容器に入れて、電子レンジ（600W）で4〜5分加熱して火を通す。
ペーパーで押さえながら水気をしっかりと切って、粗熱を取る。

2 アスパラ1本はスジの硬い部分をピーラーで除き、2cm幅に切る。
カマンベールチーズ15gは8等分に切る。

3 **1**とオリーブオイル大さじ1、塩少々と胡椒少々をざっくりと混ぜ合わせる。
食パン（6枚切）1枚にまんべんなく広げて、**2**のアスパラとチーズを乗せ、冷凍する。
食べる前に焼く。

カルボナーラ風

やる気度 2

保存 2週間
調理 5分

濃厚なカルボナーラの味を忠実に再現した一品。たまごの黄身が染みた部分はしっとり、耳はサクサクという食感のコントラストが楽しい！温泉たまごの代わりに生たまごを、焼く直前に割り入れてもOKです。

作り方（1人分）

1 ベーコン1枚は5等分に切る。

2 食パン（6枚切）1枚に市販のホワイトソース大さじ2を塗り広げ、ピザ用チーズ大さじ4→ 1 のベーコンの順に乗せて冷凍する。

3 焼くときは、焼き上がりか、焼いている途中で温泉たまご1個を乗せる。仕上げに黒胡椒適量と粉チーズ適量をかける。

POINT
「中央に温泉たまごを乗せるくぼみを作っておく」
「温泉たまごを全体に塗り広げて食す」

ズッキーニとなすとトマトのミートピザ

やる気度 3

調理 10分

保存 2週間

ズッキーニとなすは、グリルすることで旨味と甘味がアップ。
さらに、冷凍することで野菜の旨味と甘味がミートソースに馴染みます。
焼いている間に、旨味の詰まったソースがパン生地に浸透するので、
余すことなく野菜の旨味を堪能できるヘルシーな一品です。

作り方（1人分）

1 ズッキーニ1/4本、なす1/2本は5〜6等分の輪切りにする。
オリーブオイル適量を敷いたフライパンで両面焼き色がつくまで焼き、
粗熱を取る。ミニトマト1個は3枚にスライス。

2 食パン（6枚切）1枚にミートソース大さじ2を塗る。スライスチーズ（チェダー）1枚→1のズッキーニとなす→1のミニトマトの順に乗せ、冷凍する。食べる前に焼く。

ミートソースの甘味とズッキーニとなすの香ばしさが際立つ

「ズッキーニとなすにしっかり焼き色をつけて、水分を飛ばす」 POINT

粗挽き胡椒の主張が
強くなり、ウィンナーの
スパイシー感が高まる

コーンと枝豆とウィンナーペッパー

やる気度 2

調理 5分

保存 2週間

パリッとしたウィンナー、プチプチとしたコーン、噛み応えのある枝豆と、
3つの食感を楽しめる食べ応え満点のオープンサンド。
チーズの塩味がコーンの甘味を引き立てます。
粗挽き胡椒を多めに振れば、淡麗な味わいのお酒にマッチします。

作り方（1人分）

1 コーン大さじ2は、ペーパーで押さえながら水気を取る。冷凍のさや付き枝豆50gは、流水で流しながら柔らかくなるまで解凍（常温で1〜2時間自然解凍でもOK）したあとに、さやから外す。ウィンナー1本は5mm幅の輪切りにする。

2 食パン（6枚切）1枚に市販のピザソース小さじ2を塗り、ピザ用チーズ大さじ4を乗せる。その上に、1のコーン・枝豆・ウィンナーを乗せ、粗挽き胡椒適量を全体に振り、冷凍する。食べる前に焼く。

POINT
「子ども用なら、胡椒なしでも◎」

3種チーズ

やる気度 2

調理 5分　保存 2週間

ブルーチーズの塩味と香り、カマンベールのまろやかさ、ピザ用チーズのコクと、それぞれのチーズの個性を感じることができる、チーズ好きにはたまらない一品です。お好みではちみつをかけると、甘じょっぱさを楽しめます。

作り方（1人分）

1 カマンベールチーズ15gを粗く刻む。

2 食パン（6枚切）1枚にピザ用チーズ大さじ2を乗せる。その上に、1のカマンベールチーズ、手でほぐしたブルーチーズ10gをまんべんなく散らして冷凍する。

3 焼いたあとに、お好みで粗挽き胡椒適量やはちみつ適量をかけて。

POINT

「ブルーチーズは包丁で切らずに手でほぐすとラクに！」

「両方のチーズを偏りなく全体に散らす」

えびアボカドチーズのジェノバ

やる気度 3

調理 10分 保存 2週間

さわやかなバジルの香り、プリプリのえびと
トロリとしたアボカドが食欲をそそる一品。
チーズと合わせることで、深みのある味わいに。

POINT
「アボカドは完熟したものを使うとコクがアップ」

作り方（1人分）

1 冷凍のむきえび50gは耐熱容器に入れて、電子レンジ（600W）で3〜4分加熱する。ペーパーで押さえながら水気を切って、粗熱を取る。アボカド1/4個は皮を剥き、2〜3cm角に切る。

2 食パン（6枚切）1枚に粒マスタード大さじ2とオリーブオイル小さじ6をまんべんなく塗り広げ、ピザ用チーズ大さじ4→1のえびとアボカド→バジルソース大さじ1/2の順に乗せ、冷凍する。食べる前に焼く。

バジルの香りが
全体に広がる！

パインベーコンのハワイアン

やる気度 2

調理 5分

保存 2週間

ベーコンの塩味がパインの甘味を引き立てます。ベーコンのオイリー感は、パインの酸味でさっぱり。トーストすることで、ベーコンの香ばしさがアップします。旬の甘味が強いパインなら生のものを使ってもOK。

作り方（1人分）

1 ベーコン1枚は2〜3cm幅に切る。
缶詰のパイナップル1枚は一口大に切る。

2 食パン（6枚切）1枚に市販のピザソース小さじ2を塗り広げる。
ピザ用チーズ大さじ4→1のベーコン→1のパイナップルを乗せ、粗挽き胡椒適量を振って冷凍する。
食べる前に焼く。

旅行したくなる美味しさ！

パイナップルの甘味がベーコンに染みてまろやかな味わいに

POINT
「生パインは甘味不足なので缶詰を使うとgood」

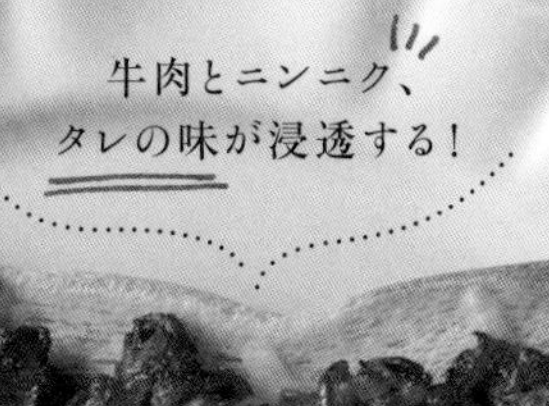

カルビガーリック

やる気度 4

調理 10分

保存 1週間

ニンニクの香りがガツンとくる、パンチのある一品。
一度、冷凍してトーストすることでピーマンの甘味が増し、
牛こま切れ肉はさっぱりいただけます。ピーマンのシャキシャキ食感も◎。

作り方（1人分）

1 ピーマン1/2個は2〜3mm幅の細切り、ニンニク1片は2〜3mm幅の輪切りにする。

2 フライパンにごま油小さじ1を敷き、中火で 1 のニンニクを炒める。
香りがしてきたら、1 のピーマンと牛こま切れ肉（スライス肉でも可）50gを入れて炒め、
色が変わったら焼肉のタレ小さじ2を入れる。
水分がなくなるまで炒め、粗熱を取る。

3 食パン（6枚切）1枚にマヨネーズ大さじ1を広げる。
その上から 2 を乗せ、冷凍する。
食べる前に焼く。

POINT
「焼肉のタレの辛さはお好みで」
「汁気がなくなるまで炒める」

納豆のクセが
まろやかに

納豆チーズトースト

調理 3 分
保存 2 週間

粒の納豆より、旨味成分が多いひきわり納豆を。
冷凍してパン生地に納豆の旨味をしっかり馴染ませることで、
美味しさが倍増します。焼酎や日本酒との相性◎な、
おつまみ系サンドです。

作り方（1人分）

1 ひきわり納豆1パックは付属の出汁とカラシを入れて混ぜておく。

2 食パン（6枚切）1枚に 1 を乗せて、冷凍する。

3 焼くときにマヨネーズ大さじ1をかけて焼き、
仕上げに粗挽き胡椒適量と3mmに斜め切りした
小ねぎ1/3本（あればでOK）をちらす。

POINT
「コクがあるひきわり納豆がおすすめ」

お好み焼き風

やる気度 4

保存 1週間

調理 10分

ひと口食べた瞬間「お好み焼き!?」と思ってしまうような、
“まんまお好み焼き”な一品です。しっとりしたパン生地とシャキシャキ食感のキャベツとの一体感が高く、広島風お好み焼きのような味わいに。

作り方(1人分)

1 豚バラ肉しゃぶしゃぶ用50gは4〜5cm幅に切り、油を敷かずにフライパンで中火で焼く。肉の色が変わったら、溶きほぐしたたまご1個を流し入れて一緒に焼く。

2 食パン(6枚切)1枚にピザ用チーズ大さじ2→キャベツの作り置き(P11)大さじ6→1を乗せ、粗熱を取って冷凍する。

3 焼いたあとに適量のソース、マヨネーズ、鰹節、青のりをかけて。

パン生地と豚肉、たまご、キャベツの一体感が高まる

POINT
「ソースの味はお好みで」

マシュマロチョコ

調理3分 保存2週間

トロリと溶けたチョコと、いちごの酸味の一体感がたまらない一品。
板チョコの種類を変えれば、甘さの調整ができます。
食べるときは、マシュマロにしっかり焼き色がつくくらいまで焼いて
サクフワ食感を楽しみましょう。

作り方（1人分）

1 いちご1個を輪切りにする。板チョコ15gはひと口大に割る。
マシュマロ15gは大きいものはハサミなどでひと口サイズに切る。

2 食パン(6枚切)1枚に 1 をまんべんなく散らして、冷凍する。
食べる前に焼く。

POINT
「いちごの代わりに冷凍ベリーを使ってもOK」

いちごの酸味が強くなり、
マシュマロの甘さがマイルドに

チーズの塩味が
あんことバナナの甘味を
より際立たせる

あんこ好きにもいいね！

あんバナナチーズ

調理3分　保存2週間

バナナは加熱すると甘味が増すため、冷凍オープンサンドに最適です。
チーズを入れることで、甘じょっぱいあんことの相性も◎。
ミネストローネスープ(P99)のような酸味のきいたスープと合わせると、さっぱりいただけます。

作り方（1人分）

1 バナナ1/2本は1.5cm幅の輪切りにする。

2 食パン(6枚切)1枚にあんこ大さじ2→ピザ用チーズ大さじ3→1のバナナを乗せて、冷凍する。食べる前に焼く。

POINT

「あんこは粒・こしのどちらでもOK」
「ピザ用チーズをクリームチーズに変えても◎」

おじゃがのカレースープ
クラムチャウダー
濃厚ミネストローネ
かぼちゃのスープ
じゃがいものスープ
セロリと牛肉のアジアンスープ
きのこの豆乳クリームスープ
オニオンコラーゲンスープ
具材たっぷりサンラータン
かぶとねぎと生姜の
リセットポタージュ
トマトの冷製スープ

第5章

冷凍スープ

サンドウィッチだけでは栄養バランスが崩れがちなので、
野菜がたっぷりとれて、野菜の旨味が凝縮された
美味しくてヘルシーな冷凍スープもご一緒に。
ちょっと遅めの晩ごはんにもぴったりです。

基本手順

煮崩れしないように野菜を大きく切るのが、冷凍スープの基本。冷凍保存している間に味が染みるため、野菜をより美味しくいただけることも利点です。温め直しは電子レンジ（600 w）でも、鍋に入れて加熱してもOKです。

1 粗熱を取る

完成したら、しばらく常温で放置して粗熱を取る。ミキサーを使用するスープは、食材の粗熱を取ってからミキサーで攪拌を。

2 食品保存袋に入れる

粗熱が取れたら保存袋に入れていく。食品保存容器に入れてもOK。まとめてでも1食分ずつ小分けにしても◎。

3 平らにして冷凍する

なるべく平らにして冷凍することで、冷凍庫の幅を取らない。また、再冷凍はできないので、使う分だけパキッと割ってから使用することをおすすめします。

POINT 1
野菜は大きくカット

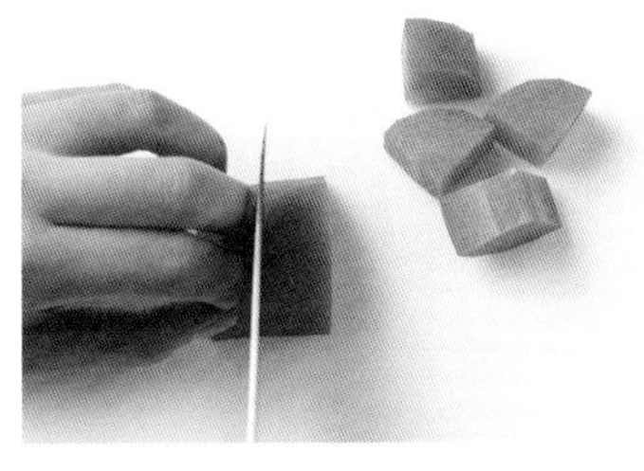

野菜の食感を残し、煮崩れを防ぐため、野菜は大きめにカットします。

POINT 2
じゃがいもはメークインを

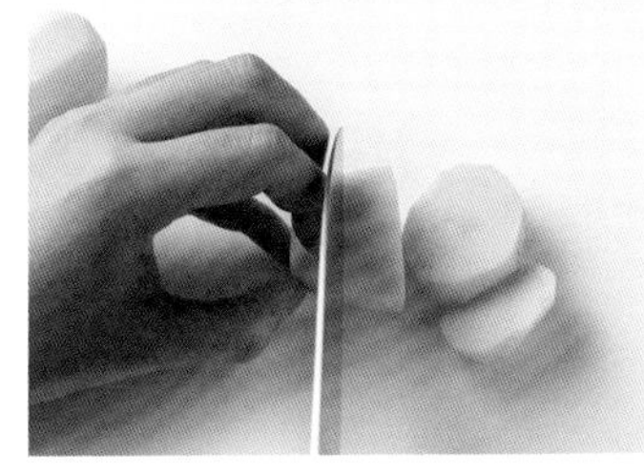

冷凍することで煮崩れしやすい冷凍スープでは、じゃがいもは煮崩れしにくいメークインを選びましょう。

POINT 2
繊維の多い野菜は繊維を断ち切る

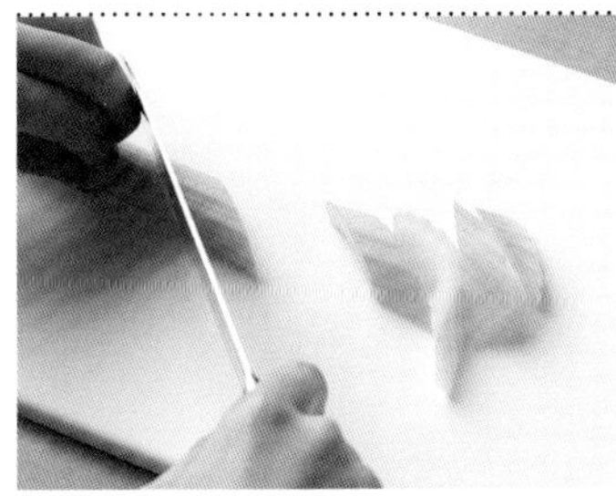

繊維が多い野菜は、冷凍すると繊維が気になることがあります。そのため、ひとつひとつの繊維を短くするようにカットします。

やる気度 4

調理 15分＋煮込み20分

保存 2週間

冷凍することで
じゃがいもの中まで
スパイシーに

POINT
じゃがいもは大きめでも◎

おじゃがのカレースープ

インドカレー風のスパイシーな味わいのスープです。食パンやフランスパンなど、味にクセのないパンとの相性◎。具だくさんなので、ワンボウルで大満足の食べ応えです。

トマトの酸味が
まろやかに

作り方（6食分）

1 玉ねぎ1個はくし形に切る。セロリ1本はスジを除いて1.5cm幅の斜め切りに。ニンニク4片と生姜3欠はみじん切りにする。じゃがいも1個はピーラーで皮を剥き、2cm角、ウィンナー5本は5mm幅の半月切りにする。

2 鍋にオリーブオイル大さじ1と 1 のニンニク、生姜を入れて中火弱で炒め、香りがしてきたらカレー粉大さじ1とクミンシード小さじ1を入れる。全体が馴染むまで炒め、1 の野菜と水2と1/2カップ、コンソメ小さじ2、はちみつ大さじ1入れて蓋をして煮立たせる。沸騰したら、中火弱で20分ほど煮込む。

3 仕上げに塩小さじ1と胡椒少々を入れて味を調え、粗熱を取って冷凍する。

クラムチャウダー

やる気度 4

調理 5分＋煮込み20分
保存 2週間

野菜に味がしっかり染みているのに適度な噛み応えが残っているのは、冷凍するからこそ。スープが染みてもべたつかないフランスパンやマフィンなど、硬めの生地のパンと合わせれば食べ応えup！

野菜にしっかり染みたあさりの旨味が◎

作り方（6食分）

1 玉ねぎ1個は2〜3cmのざく切り、にんじん1本は1cm幅に切る。ベーコン4枚は1cm幅、じゃがいも2個はピーラーで皮を剥き、1.5cm幅にカット。

2 鍋にバター30g、1、あさり缶（200g）を汁ごと、水1と1/2カップ、白ワイン大さじ2を入れて、強火でひと煮立ちさせる。中火弱で15分ほど煮込む。

3 牛乳1と1/2カップを加えてさらに5分煮込み、塩小さじ1と胡椒少々で味を調え、粗熱が取れたら冷凍する。

濃厚ミネストローネ

冷凍することで野菜のとろみが加わり、濃厚感が増すミネストローネ。トマトの酸味が苦手な人でも食べることができる、さっぱりやさしい味わいが特徴です。味が濃いめの総菜サンドと合わせるのがおすすめです。

作り方（6食分）

1 玉ねぎ1個、にんじん1本は1.5cm角程度に切る。セロリ1本はスジを除いて同様にカット。ごぼう1本は泥を落として1cm幅に切り、水でサッと洗う。

2 鍋に水1と1/2カップとコンソメ小さじ2、1をすべて入れて蓋をし、強火でひと煮立ちさせる。沸騰したら中火弱で5分煮て、カットトマト缶（400g）を入れてよく混ぜ、さらに中火弱で20分ほど煮込む。

3 塩小さじ1と胡椒少々を入れて味を調える。粗熱が取れたら冷凍する。

POINT
「セロリのスジは取り除く」

かぼちゃのスープ

やる気度 5

調理 10分＋煮込み10分
保存 2週間

甘味料なしでも、玉ねぎとかぼちゃの自然な甘味がたっぷり含まれているため、もの足りなさを感じさせないヘルシーなスープ。皮ごと使用してもOKです。甘いデザートサンドと合わせて、デザート朝食にしても◎。

作り方（6食分）

1 かぼちゃ1/4個はタネを除いて、皮目を下にして耐熱容器に入れる。ふんわりとラップをかけて、電子レンジ（600w）で6分加熱し、竹串が刺さる程度になったら皮を手で剥く。

2 ベーコン2枚は1cm幅に切り、玉ねぎ1/2個は2〜3mm幅の薄切りにカット。

3 鍋にバター20gと**2**のベーコン、玉ねぎを入れて中火弱で炒める。玉ねぎがしんなりとしたら、**1**のカボチャを入れて混ぜ合わせる。さらに、水1と1/2カップを入れて蓋をして、中火弱で10分ほど煮る。

4 粗熱が取れたらミキサーに入れ、滑らかになるまで撹拌する。鍋に戻して牛乳1カップと塩小さじ1/2と胡椒少々を入れて味を調え、粗熱が取れたら冷凍する。

POINT
「かぼちゃの粒が残らないように ミキサーで滑らかに」

かぼちゃのクリーミーな舌触りがパンとマッチ

じゃがいものスープ

やる気度 5

調理 10分＋煮込み10分

保存 2週間

じゃがいものほくほくとした食感を生かした、滑らかな舌触りのスープです。ベーコンの香りと塩味がアクセントに。味にクセがないため、どんなパンやサンドイッチと合わせても美味しくいただけます。

作り方（6食分）

1 じゃがいも2個は皮付きのままラップで包み、電子レンジ(600w)で4分加熱し、ひっくり返してさらに4分加熱する。手で皮を剥く。
ベーコン2枚は1cm幅に切り、玉ねぎ1個は2～3mm幅の薄切りに。

2 鍋にオリーブオイル大さじ1と 1 のベーコン、玉ねぎを入れて中火弱で炒める。しんなりしたら、1 のじゃがいもを入れて木べらでほぐす。水1と1/2カップを入れて、蓋をして中火弱で10分ほど煮る。

3 粗熱が取れたらミキサーに入れて、滑らかになるまで撹拌する。
鍋に戻して牛乳1カップと塩小さじ1と胡椒少々を入れて味を調え、粗熱が取れたら冷凍する。

セロリと牛肉のアジアンスープ

やる気度 4

調理 5分+煮込み10分

保存 2週間

エスニックテイストのスープ。冷凍して牛肉の旨味とナンプラーの香りを染み込ませることで、クセの強いセロリが食べやすくなります。
レーズンパンなど、甘酸っぱさのあるパンと合わせるとさっぱりした味わいに。

作り方（6食分）

1 セロリ2本はスジを除いて1.5cm幅の斜め切りにする。
生姜2欠は千切り、トマト1個は角切りにする。

2 サラダ油大さじ1を鍋で熱して、1のセロリと生姜、牛こま切れ肉200gを入れて中火で炒める。肉の色が変わったら、水2と1/2カップを入れて煮立たせる。沸騰したら、アクを除いて、さらに中火弱で5分ほど煮込む。1のトマトを入れてさらに5分煮込み、ナンプラー大さじ2、塩少々と胡椒少々で味を調える。

3 粗熱が取れたら冷凍する。食べるときにお好みでパクチーやレモンを絞っても。

POINT

「スジが気になるセロリは斜め切りに」

きのこの豆乳クリームスープ

やる気度 4

調理 10分+煮込み10分

保存 2週間

きのこの旨味を存分に楽しめるスープです。
お手頃価格のきのこを見つけたら、まとめ買いして作り置きしてもgood。
きのこの香りを楽しむなら、クセのないフランスパンや食パンと合わせて！

作り方（6食分）

1 きのこ類（お好みのきのこ）1パックは石づきを除いて、ほぐす。
玉ねぎ1/2個は2〜3mm幅の薄切り、ベーコン4枚は1cm幅に切る。

2 鍋にバター20gと1を入れて中火弱で炒める。
しんなりしたら、水1/2カップとコンソメ小さじ2を入れて蓋をし、ひと煮立ちさせる。
沸騰したら、中火弱でさらに10分ほど煮込む。

3 調整豆乳2と1/2カップを入れ、塩小さじ1と胡椒少々で味を調える。
粗熱が取れたら、冷凍する。

POINT

「きのこはお好みのものを使って」

きのこの旨味がスープに染み出る！

オニオンコラーゲンスープ

調理5分+炊飯時間50〜60分　保存2週間

冷凍すると鶏肉に香味野菜の香りが染み込むので、軟骨まで入れても独特のクセがなくなり旨味もアップ。炊飯器で炊き、冷凍しておくことでホロホロとほどけるような食感に。食物繊維が多めの全粒粉パンと合わせても。

作り方（6食分）

1 玉ねぎ2個は薄切りに、生姜2欠は千切りにする。鶏手羽元8本に塩小さじ1と胡椒少々を馴染ませる。

2 炊飯器に1の玉ねぎ→生姜→鶏手羽の順に入れ、糸昆布3g（2つまみ）、水2と1/2カップ、酒大さじ2、醤油大さじ1を加えて蓋をし、炊飯モードで炊く。

3 炊き上がったらざっくりと混ぜて、お好みで塩と胡椒で味を調える。
粗熱が取れたら、冷凍する。

軟骨まで味がしっかり染みてトロトロに

POINT
「玉ねぎは繊維に逆らって切ると柔らかに」

今日の夜ごはんでも使おうかな。

酸味がまろやかになる

具材たっぷりサンラータン

やる気度 4

保存 2週間

調理 10分＋煮込み10分

味が染み込みづらいキクラゲ、たけのこにも、冷凍することでしっかりと味が染み込みます。歯応えのある食材づくしで、食べ応えも満点。
バター風味が強めのクロワッサンと合わせると、酸味がマイルドになります。

作り方（6人分）

1 乾燥キクラゲ大さじ山盛り1と乾燥椎茸4個は、分量の水に入れて戻し（30分～）、絞って千切りにする。ねぎ1本は1cm幅の斜め切り、生姜1欠は千切りに。鶏もも肉150gは小さめのひと口大に切る。水煮のたけのこ150gは千切りにする。

2 鍋にごま油小さじ2を熱し、1の鶏もも肉、ねぎ、生姜を入れて中火で炒める。肉の色が変わったら、1の椎茸とキクラゲ（戻し汁ごと）、たけのこと、水3と1/2カップ、鶏ガラのもと大さじ1を入れて蓋をしてひと煮立ちさせる。そのまま、中火弱で約10分煮込む。

3 塩小さじ1と胡椒少々、醤油大さじ1で味を調え、水溶き片栗粉大さじ1でとろみをつける。仕上げに酢大さじ1とラー油適量を加え、粗熱が取れたら冷凍する。

POINT

「キクラゲと椎茸の戻し汁を有効活用」

かぶとねぎと生姜のリセットポタージュ

やる気度 5

調理 10分＋煮込み15分
保存 2週間

体を癒す効果満点のスープ。旨味と香り、栄養価を高めるため、かぶは皮ごと使います。ねぎと生姜は体を温める効果抜群。アンチエイジング効果の高いアーモンドをたっぷりと入れると、美容効果が増します。やさしい味わいで、どんなパンとも相性◎。

作り方（6食分）

1 かぶ(大)3個は皮ごと半分に切り5mm幅に。葉の部分は3cm幅に切る。生姜2欠は千切りに、ねぎ1本は5mm幅の斜め切りにする。

2 鍋にオリーブオイル小さじ2と1の生姜、ねぎを入れて中火弱で炒める。しんなりしてきたら、1のかぶを入れて、ざっくりと混ぜ合わせる。全体に油が回ったら、水3と1/2カップとアーモンド60g(約60個)を入れて蓋をし、ひと煮立ちしたら中火弱で15分ほど煮込む。

3 粗熱が取れたらミキサーで滑らかになるまで攪拌し、塩麹大さじ3と1/2と醤油小さじ2を入れて味を調える。粗熱が取れたら、冷凍する。

かぶに塩麹が染み込み旨味アップ！

POINT
「かぶの葉に含まれる栄養素もしっかり取る」

タバスコがマイルドになりほのかなアクセントに！

美容効果も高いなんて！

トマトの冷製スープ

やる気度 3

調理 10分　保存 2週間

トマトのフレッシュな酸味が際立つスープです。トマトに含まれるリコピンには、アンチエイジング効果も。クロワッサンやデニッシュなど、バター風味が強いコクのあるパンとの相性は抜群です。

作り方（6食分）

1 トマト2個、パプリカ1/2個、セロリ1本は2cm幅に切る。

2 ミキサーに、1とくるみ40g（6～8個）を入れて、撹拌する。

3 塩小さじ1と胡椒少々、タバスコ適量で味を調え、冷凍する。食べるとき、お好みでパセリを振って。

POINT 「くるみを入れて栄養価とコクをプラス」

食材別索引

食材

冷凍食材

出来合いのもの

スープ

今日も明日も
ずっと寝坊していたい…

朝ごはん、
作るの面倒くさい…
買いに行くのも面倒…
というか、スーパーとか
コンビニのパンに飽きた…

そうだ！
先週、冷凍サンドウィッチを
作っておいたんだ。

じゃぁ、あと5分寝られるか…
二度寝って、最高すぎる！

頑張らない
朝だって
豪華なパンが
待っている

起(お)きたら出来(でき)上(あ)がっている！
朝(あさ)ラク 冷凍(れいとう)サンドウィッチ

2023年4月28日　初版第1刷発行

著者
田村(たむら)つぼみ

発行者
岩野裕一

発行所
株式会社実業之日本社
〒107-0062 東京都港区南青山5-4-30
emergence aoyama complex 3F
電話(編集) 03-6809-0473
(販売) 03-6809-0495
https://www.j-n.co.jp/

印刷・製本
大日本印刷株式会社

デザイン
廣田 萌(文京図案室)

本文DTP
加藤一来

撮影
野口祐一

イラスト
むらまつしおり

執筆協力
楠田圭子

編集
金 潤雅(実業之日本社)

ISBN978-4-408-42134-6(第二書籍)

田村つぼみ

料理家・栄養士。書籍や女性誌を中心に、身体にやさしい料理を提案。その他、カフェや居酒屋等のメニュー開発やメーカー商品開発、広告やCMのフードコーディネーターとしても活躍中。